大きな文字でよみやすい！

電子レンジでつくる シニアのらくらく 1人分ごはん

村田裕子

PHP

はじめに

シニアの1人分ごはん **3**つの大切なこと

1 毎日無理せずつくる
毎日ごはんをつくるのは、なかなか大変なこと。本書のレシピは電子レンジでほとんどのおかずが15分ほどでつくれます。

2 食べきりの量でつくる
何度も同じ料理を食べることがないから、飽きずにできたてをおいしくいただけます。

3 楽しくつくる
「電子レンジってこんなこともできるの？」ワクワクしながらつくることで毎日の生活にめりはりが生まれます。

電子レンジを使うメリット

▶火加減が簡単
自動的に効率よく加熱。その場を離れても大丈夫。

▶洗いものが少なくてすむ
フライパンや鍋を洗ったりせず、耐熱性の器を使えばそのまま食卓にのせることができる。

▶火災の心配がいらない
うっかり焦がしにくく、加熱が終了すれば、自動的にOFFになる。

▶油を少なくできる
少ない水分で蒸したり、煮たりするので旨味が逃げず、油も少なくヘルシーに。

電子レンジの 便利な下ごしらえ

※600Wを想定した時間で掲載しています。

大根の下ゆで

1人分
3cm（100g）
3分30秒～4分

耐熱皿に大根をのせ、大さじ1の水をふり、ふんわりとラップをかけて加熱する。

かぼちゃを切りやすくする

1人分
1/12個（160g）
1分

ふんわりとラップにくるんで皮を下にして加熱する。

皮つきじゃがいもをふかす

1人分
1個（150g）
3分～3分30秒

皮つきのままラップにのせ、水大さじ1をふり、ふんわりと包んで加熱する。

油揚げ（さつま揚げ・厚揚げ）の油抜き

1人分
1枚
30秒

水でぬらしたペーパータオルで包んで耐熱皿にのせ、ラップをかけずに加熱する。

干ししいたけをもどす

1人分
1個（3g）
2分

耐熱ボウルに干ししいたけと水1/2カップを入れ、ふんわりとラップをして加熱する。

麺を温める

1人分
1玉（200g）
2分

袋にキッチンばさみで2～3カ所穴をあけて袋ごと加熱する。

大きな文字でよみやすい！
電子レンジでつくる
シニアのらくらく1人分ごはん
もくじ

はじめに ……………………………………………………………… 2
電子レンジの便利な下ごしらえ …………………………………… 3
電子レンジの注意点 ………………………………………………… 6
本書で使用した電子レンジ調理の道具類 ………………………… 7
本書の見方 …………………………………………………………… 8

PART 1　主菜　　　　　　　　　　　　　　　（写真／つくり方）

牛肉とブロッコリーのオイスターソース炒め ……………… 10／12
ねぎ肉じゃが ………………………………………………… 11／13
牛肉のきんぴら巻き照り焼き・ごまみそチャーシュー …… 14／16
黒酢豚・スタミナ蒸ししゃぶ ……………………………… 15／17
鶏むね肉の鍋しぎ風・ささみフライタルタルソース ……… 18／20
鶏のみぞれ煮・サラダ菜しゅうまい ……………………… 19／21
ミートポテトグラタン・おからハンバーグ、薬味おろし添え … 22／24
れんこんつくね・金目鯛、根菜、昆布の煮つけ …………… 23／25
さばのカレー竜田・ごまいわし ……………………………… 26／28
塩ぶり大根・鮭、あさり、じゃがいものレモン蒸し ……… 27／29
トマトえびチリ ……………………………………………… 30／32
いかとアスパラのしょうが炒め ……………………………… 31／32

PART 2　副菜　　　　　　　　　　　　　　　（写真／つくり方）

切干大根と煮干の煮もの・五目ひじき ……………………… 34／36
ひじきとパプリカのナムル・切干大根のサラダ …………… 35／37
油揚げのねぎピザ・豆乳ごま豆腐 …………………………… 38／40
厚揚げと桜えびのガーリックステーキ・高野豆腐のそぼろ … 39／41
ポテトビーンズサラダ・さつまいものレモン煮 …………… 42／44
里芋のいか塩辛バター・小松菜とにんじんの塩昆布あえ … 43／45
にらたま納豆・スナップえんどうとハムのクリーム煮 …… 46／48

項目	写真／つくり方
ブロッコリーとマカロニのサラダ・青梗菜のカクテギ	47／49
にんじんのツナみそあえ・かぼちゃのはちみつ煮	50／52
なすのおひたし・ふろふき大根	51／53
かぶとソーセージのソテー	54／56
マッシュルームのアヒージョ	55／56

PART 3　ごはん・麺　(写真／つくり方)

項目	写真／つくり方
中華風おこわ・たらこ雑炊	58／60
ベーコンとグリンピースの玄米リゾット・なすと枝豆のキーマカレー	59／61
おかかチャーハン・オイルサーディンの蒲焼丼	62／64
チーズオムライス・カレーうどん	63／65
焼きうどん・刻みたぬきそば	66／68
鶏南蛮そば・坦々あえ麺	67／69
長崎ちゃんぽん	70／72
ボンゴレ・ペンネ	71／72

PART 4　汁もの　(写真／つくり方)

項目	写真／つくり方
豚汁・しじみとにらのみそ汁	74／76
おくら、長いも、もずくのとろみ汁・しらすとみょうがのかき卵汁	75／77
鮭缶の石狩汁・れんこんのすりながし汁	78／80
さば缶のみぞれ汁・かぶの豆乳ポタージュ	79／81
クレソン、ベーコン、ごぼうのスープ	82／84
バゲットとチーズ入りトマトスープ	83／84

PART 5　デザート　(写真／つくり方)

項目	写真／つくり方
栗蒸し羊羹（ようかん）・大学芋	86／88
抹茶の蒸しパン・レンジせんべい	87／89
チーズケーキ・バナナケーキ	90／92
トリュフ（生チョコ）・りんごのワインコンポート クラッシュゼリー添え	91／93
きなこあめ	94／94
卵ボーロ	95／95

電子レンジの注意点

❗ これだけは気をつけましょう

▶ 材料や調味料は分量どおりに
電子レンジの加熱時間は材料や調味料、水分に比例します。きちんと計量しましょう。

▶ 材料は途中で裏返したり転がしたりする
火の通りにムラが出ないようにしましょう。

▶ いちどに5分以上加熱しない
2～3分おいてから時間を足していくようにしましょう。

▶ 取り出すときは蒸気に注意
電子レンジで加熱したあとは、中身も器も熱くなっています。やけどをしないように充分に注意してください。

突沸にご用心！
水や牛乳などの液体を加熱する際、突然中身が飛び散ることがあります。加熱後は1分ほどおいてから取り出すとよいでしょう。

▶ 電子レンジのワット数を必ず確認
ご自宅の電子レンジのワット数を確認しましょう。

▶ 火事防止のためきちんとそうじを
電子レンジが汚れていて火事になる事故が多発しています。防止のために食品かすをこまめに取りのぞきましょう。

〈電子レンジワット数別　加熱時間換算表〉

500W	600W	700W	800W
40秒	30秒	30秒	20秒
1分10秒	1分	50秒	50秒
1分50秒	1分30秒	1分20秒	1分10秒
2分20秒	2分	1分50秒	1分40秒
3分	2分30秒	2分20秒	2分
3分40秒	3分	2分40秒	2分20秒
4分50秒	4分	3分40秒	3分10秒
6分	5分	4分30秒	4分
7分10秒	6分	5分20秒	4分50秒
8分20秒	7分	6分20秒	5分40秒
9分40秒	8分	7分10秒	6分20秒
10分50秒	9分	8分10秒	7分10秒
12分	10分	9分	8分

本書で使用した電子レンジ調理の道具類

ラップ

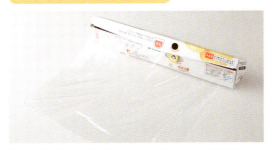

熱や水分を逃がさないために使用します。耐熱温度が140度以上で電子レンジ対応のものを選びましょう。

オーブン用シート

耐熱皿にしいたり、食材を包んで使用します。食材がくっつかずにはがせるので便利です。

耐熱ボウル

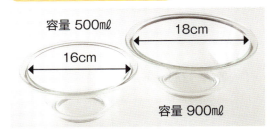

容量 500mℓ　16cm
18cm　容量 900mℓ

汁気の多い料理をつくる際には、耐熱ガラス製のボウルを使用、材料の量によって使い分けます。

耐熱皿

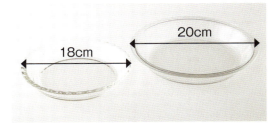

18cm　20cm

汁がない料理、汁気がほとんどない料理やデザートをつくる際には、耐熱皿を使用します。

MEMO

**ラップは
ふんわりかけるか、
端をあける**

ラップはぴっちりかけると破裂のもと。ふんわりかけるか、端をあけて加熱するとよいでしょう。水分をとばしたいときにはラップはしないで加熱しましょう。

❗ **これだけは気をつけましょう**

電子レンジ調理に使ってはいけない！
- ✕ **金属を使ったもの**
- ✕ **漆器やプラスチック**
- ✕ **木や竹**
- ✕ **ホウロウ**
- ✕ **ファスナーつき保存袋**
  （油分を含んだ食材を入れると溶けてしまうので）

電子レンジ加熱に対応しているかどうか、器の注意書きを必ず見ましょう。

本書の見方

レシピの
完成写真を掲載

カロリー、
塩分量を掲載

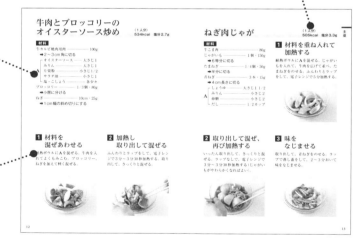

材料・下準備を掲載

つくり方は
最大3段階で紹介

▶分量などについて

・レシピ内の電子レンジの加熱時間は600Wの場合を目安としています。それ以外のワット数の電子レンジをお使いの場合は、P6の電子レンジワット数別加熱時間換算表を参照し、本文のレシピに記載の加熱時間をご自宅のワット数に合わせて変更してください。
・計量単位は、小さじ1＝5㎖、大さじ1＝15㎖、1カップ＝200㎖で表記しています。
・野菜類は、指定がない場合、洗う、皮をむく、へた、筋、種を取るなどの作業を済ませてからの手順を説明しています。

PART 1

主菜

牛肉とブロッコリーの
オイスターソース炒め

お肉のしっかりした食感が味わえるごちそう

主菜

ねぎ肉じゃが
しっかり味がしみているのに手軽にできる

牛肉とブロッコリーのオイスターソース炒め

〈1人分〉
534kcal　塩分2.7g

材料

牛カルビ焼肉用肉 …………………… 100g
　➡2～3cm角に切る

A
- オイスターソース ……… 大さじ1
- みりん …………………… 大さじ1
- 片栗粉 …………………… 小さじ1/2
- サラダ油 ………………… 小さじ1
- 塩・こしょう …………… 各少々

ブロッコリー ………………… 1/3個・80g
　➡小房に分ける
ねぎ ………………………… 10cm・25g
　➡1cm幅の斜め切りにする

1 材料を混ぜあわせる

耐熱ボウルにAを混ぜる。牛肉を入れてよくもみこむ。ブロッコリー、ねぎを加えて軽く混ぜる。

2 加熱し取り出して混ぜる

ふんわりとラップをして、電子レンジで3分～3分30秒加熱する。取り出して、さっくりと混ぜる。

ねぎ肉じゃが

〈1人分〉
505kcal　塩分3.3g

主菜

材料

- 牛こま肉 …………………… 80g
- じゃがいも …………… 1個・150g
  - ➡ 6等分に切る
- たまねぎ ……………… 1/4個・50g
  - ➡ 半分に切る
- 青ねぎ ………………… 3本・15g
  - ➡ 4cm長さに切る
- A
  - しょうゆ ………… 大さじ1 1/2
  - みりん ……………… 小さじ2
  - 砂糖 ………………… 小さじ2
  - だし ………………… 1/2カップ

1 材料を重ね入れて加熱する

耐熱ボウルにAを混ぜる。じゃがいもを入れて、牛肉を広げて並べ、たまねぎをのせる。ふんわりとラップをして、電子レンジで5分加熱する。

2 取り出して混ぜ、再び加熱する

いったん取り出して、さっくりと混ぜる。ラップなしで、電子レンジで3分～3分30秒加熱する（じゃがいもがやわらかくなればよい）。

3 味をなじませる

取り出して、青ねぎをのせる。ラップで落し蓋をして、2～3分おいて味をなじませる。

牛肉の
きんぴら巻き
照り焼き

しっかりと味のついた
野菜が牛肉にあう

ごまみそチャーシュー

あっさりとしたお肉と濃厚なごまみそは相性抜群

主菜

黒酢豚
揚げ物料理も電子レンジでお手軽に

スタミナ蒸ししゃぶ
にんにくがきいた、元気が出る味

牛肉のきんぴら巻き照り焼き

〈1人分〉 380kcal　塩分3.7g

材料

牛すき焼き用肉	2枚・100g
にんじん	1/5本・30g
➡千切りにする	
ごぼう	1/4本・50g
➡千切りにして、水に5分さらす	
た れ ┌ しょうゆ	大さじ1 1/2
│ はちみつ	大さじ1
└ みりん	大さじ1/2
小麦粉、七味唐辛子	各適宜

1 にんじん、ごぼうを加熱し巻く

耐熱皿ににんじん、ごぼうを入れる。ふんわりとラップをして、電子レンジで2分加熱する。
牛肉は1枚ずつ縦に並べ、小麦粉を薄くふる。手前ににんじん、ごぼうを半量ずつ横長にのせて巻く。

2 加熱する

耐熱皿に１の巻き終わりを下にして並べ、たれをかける。ふんわりとラップをして、電子レンジで3分加熱する。

3 裏返し、ラップなしで加熱

いったん取り出して、裏返す。たれをかけ、ラップなしで、電子レンジで2分～2分30秒加熱する。
食べやすい大きさに切り分け、たれをかけて七味唐辛子をふる。

ごまみそチャーシュー

〈1人分〉 441kcal　塩分3.3g

材料

豚ロースとんかつ用肉	大1枚・120g
た れ ┌ しょうが(すりおろし)	小さじ1/2
│ にんにく(すりおろし)	小さじ1/4
│ 白すりごま	大さじ1
│ みそ	大さじ1
│ しょうゆ	小さじ1
│ 酒	大さじ1/2
│ 砂糖	小さじ1
└ こしょう	少々
ねぎ	5cm・13g
➡白髪ねぎにする	
きゅうり	1/3本・35g
➡千切りにする	

1 たれをかけて加熱

耐熱皿に豚肉をのせて、たれをかける。ふんわりとラップをして、電子レンジで2分加熱する。

2 ラップなしで再び加熱

いったん取り出して、裏返してたれをかけ、ラップなしで、電子レンジで2分～2分30秒加熱する(豚肉の色が変わればよい)。
食べやすい大きさに切り分け、白髪ねぎ、きゅうりの千切りをしいた器に盛り、たれをかける。

黒酢豚

〈1人分〉
399kcal　塩分3.8g

材料

豚ロース薄切り肉 ……… 5枚・100g
A ┬ しょうが(すりおろし) … 小さじ1
　├ 酒 ……………………… 大さじ1/2
　├ 片栗粉 ………………… 大さじ1/2
　└ 塩・こしょう ………… 各少々
たまねぎ ………………… 1/4個・50g
　➡一口大の乱切りにする
パプリカ(赤・黄) …… 各1/4個・30g
　➡一口大の乱切りにする
B ┬ 黒酢 ……………………… 大さじ1 1/2
　├ しょうゆ ……………… 大さじ1
　├ ケチャップ …………… 大さじ1
　├ 砂糖 …………………… 大さじ1
　├ 水 ……………………… 大さじ3
　└ 塩・こしょう ………… 各少々

1 下味をつける
豚肉は、1枚ずつ縦半分に折りたたんでリボン状に結び、**A**をもみこむ。

2 材料を混ぜ、加熱する
耐熱ボウルに**B**を混ぜる。①、たまねぎ、パプリカを入れて軽く混ぜる。ふんわりとラップをして、電子レンジで3分加熱する。

3 取り出して混ぜ、再び加熱する
いったん取り出して、片栗粉の塊をほぐしながらよく混ぜる。再びふんわりとラップをして、電子レンジで2分～2分30秒加熱する(豚肉の色が変わればよい)。

スタミナ蒸ししゃぶ

〈1人分〉
456kcal　塩分2.6g

材料

豚ばら薄切り肉 ………………… 80g
　➡5cm長さに切る
絹豆腐 ……………… 小1パック・150g
　➡4等分に切る
もやし …………………… 1/3袋・65g
にら ……………………… 2本・30g
　➡4cm長さに切る
にんにく(薄切り) ……………… 1かけ分
赤唐辛子(小口切り) …………… 1/2本分
A ┬ 酒 ……………………… 大さじ2
　├ 水 ……………………… 2カップ
　└ 塩 ……………………… 小さじ1/2
好みでポン酢じょうゆ ………… 適宜

1 材料を重ねて入れ、加熱する
耐熱ボウルに**A**を混ぜる。豆腐を入れて、豚肉を広げて並べ、もやしをのせ、にんにく、赤唐辛子を散らす。ふんわりとラップをして、電子レンジで5分～5分30秒加熱する(豚肉の色が変わればよい)。

2 余熱で火を通す
取り出して、にらをのせる。ラップで落し蓋をして、2～3分おいて余熱で火を通す。
器に盛り、好みでポン酢じょうゆを添える。

鶏むね肉の鍋しぎ風

ピーマンの食感がアクセントに

ささみフライタルタルソース

ラップなしで加熱すればフライもできる

鶏のみぞれ煮
大根と煮汁が消化を助ける

主菜

サラダ菜しゅうまい
葉もの野菜の皮で、よりヘルシーに

鶏むね肉の鍋しぎ風

〈1人分〉 357kcal 塩分3.4g

材料

- 鶏むね肉 ………………… 1/2枚・150g
  ➡ 1cm厚さのそぎ切りにする
- なす ………………………… 1本・80g
  ➡ 1cm厚さの輪切りにして、水に5分さらす
- ピーマン …………………… 1個・30g
  ➡ 縦半分に切り、1cm幅に切る
- A
  - みそ ……………………… 大さじ1
  - 砂糖 ……………………… 大さじ1/2
  - 酒 ………………………… 大さじ1/2
  - しょうゆ ………………… 小さじ1
  - ごま油 …………………… 小さじ1
- 片栗粉、七味唐辛子 ……… 各適宜

1 材料を混ぜ、加熱する

耐熱皿にAを混ぜる。鶏肉に薄く片栗粉をつけて入れる。なすも加えてよく混ぜる。ふんわりとラップをして、電子レンジで3分加熱する。

2 取り出して混ぜ、再び加熱する

いったん取り出して、ピーマンを加えて、さっくりと混ぜる。再びふんわりとラップをして、電子レンジで1分～1分30秒加熱する（鶏肉の色が変わればよい）。

器に盛り、七味唐辛子をふる。

ささみフライタルタルソース

〈1人分〉 428kcal 塩分1.9g

材料

- 鶏ささみ …………………… 3本・120g
  ➡ 筋をとる
- A
  - 粉チーズ ………………… 大さじ1
  - パン粉 …………………… 大さじ2
- マヨネーズ ………………… 大さじ1/2
- オリーブオイル …………… 大さじ1/2
- 塩・こしょう ……………… 各少々
- B
  - ゆで卵 …………………… 1/2個
    ➡ みじん切りにする
  - たまねぎ（みじん切り） … 大さじ1
  - パセリ（みじん切り） …… 小さじ1
  - マヨネーズ ……………… 大さじ1
  - 塩・こしょう …………… 各少々
- パセリ ……………………… 適宜

1 パン粉をまぶし、なじませる

耐熱皿に鶏ささみを並べ、塩・こしょうをふる。表面にマヨネーズを等分にして塗り、Aを等分にしてまぶし、手で押さえつけてなじませる。全体にオリーブオイルをかける。

2 ラップなしで加熱する

ラップなしで、電子レンジで2分30秒～3分加熱する（鶏肉の色が変わればよい）。

器に盛り、Bを混ぜあわせてかけ、パセリを添える。

鶏のみぞれ煮

〈1人分〉
355kcal　塩分3.0g

材料

- 鶏もも肉 ………… 1/2枚・125g
  - ➡1cm厚さのそぎ切りにする
- 大根 ………………… 5cm・150g
  - ➡すりおろして、ざるにあげ、水気を切る
- A
  - しょうゆ ……………… 大さじ1
  - みりん ………………… 大さじ1
  - だし …………………… 1/2カップ
- 片栗粉、大根葉（小口切り）… 各適宜

1 味をつけ加熱する

耐熱ボウルにAを混ぜる。鶏肉に薄く片栗粉をつけて入れる。ふんわりとラップをして、電子レンジで3分加熱する。

2 混ぜて再び加熱する

いったん取り出して、大根おろし、大根葉を加え、片栗粉の塊をほぐしながらよく混ぜる。再びふんわりとラップをして、電子レンジで1分30秒～2分加熱する（鶏肉の色が変わればよい）。

サラダ菜しゅうまい

〈1人分・5個〉
385kcal　塩分1.5g

材料

- サラダ菜 ………………… 小5枚・25g
  - ➡芯をとる
- A
  - 豚ひき肉 ……………………… 120g
  - たまねぎ ………………… 1/4個・50g
    - ➡みじん切りにする
  - しょうが（みじん切り）…… 小さじ1
  - しょうゆ ………………… 小さじ1
  - 砂糖 ……………………… 小さじ1
  - 酒 ………………………… 小さじ1
  - ごま油 …………………… 小さじ1
  - 片栗粉 …………………… 小さじ2
  - 塩・こしょう …………… 各少々
- 片栗粉、好みで酢じょうゆ、練り辛子 ………………………… 各適宜

1 サラダ菜を加熱し、具を包む

サラダ菜はふんわりとラップで包み、電子レンジで30秒加熱して粗熱をとる。ボウルにAを入れて、粘り気が出るまでよく混ぜる。5等分にして丸め、全体に片栗粉を薄くまぶし、それぞれサラダ菜で包む。

2 加熱し、盛り付ける

耐熱皿に1を並べ、ふんわりとラップをして、電子レンジで3分～3分30秒加熱する（ひき肉の色が変わればよい）。

器に盛り、好みで酢じょうゆ、練り辛子を添える。

主菜

ミートポテトグラタン
じゃがいもを細長く切るのがポイント

おからハンバーグ、薬味おろし添え
肉汁が食欲をそそる

主菜

れんこんつくね
すりおろしとたたいたれんこんの食感がおもしろい

金目鯛、根菜、昆布の煮つけ
じっくり煮つけたような繊細な味も電子レンジで

ミートポテトグラタン

〈1人分〉 518kcal 塩分2.0g

材料

じゃがいも ……………… 1個・150g
　➡千切りにする
A ┬ あいびき肉 …………………… 80g
　├ たまねぎ ……………… 1/4個・50g
　│ 　➡みじん切りにする
　├ にんにく(すりおろし)
　│ …………………………… 小さじ1/2
　├ ケチャップ ………… 大さじ1 1/2
　└ 塩・こしょう ……………… 各少々
ピザ用チーズ …………………… 大さじ3
バター ……………………………… 小さじ1
パセリ(みじん切り) ………………… 適宜

1 材料を混ぜ、加熱する

ボウルにAを混ぜる。耐熱のグラタン皿にじゃがいもの半量、A、残りのじゃがいもの順にのせる。ふんわりとラップをして、電子レンジで5分加熱する。

2 チーズとバターを加え、再び加熱する

いったん取り出して、ピザ用チーズ、手でちぎったバターを散らす。ラップなしで、電子レンジで2分～2分30秒加熱する。
パセリのみじん切りをふる。

おからハンバーグ、薬味おろし添え

〈1人分〉 382kcal 塩分3.4g

材料

A ┬ あいびき肉 …………………… 100g
　├ おから ……………………………… 25g
　├ たまねぎ ……………… 1/4個・50g
　│ 　➡みじん切りにする
　├ 溶き卵 ……………………… 1/2個分
　└ 塩・こしょう ……………… 各少々
ポン酢じょうゆ ………………… 大さじ3
B ┬ 大根 ………………………… 3cm・100g
　│ 　➡すりおろして、ざるにあげ、水気を切る
　├ みょうが ……………………… 1個・15g
　│ 　➡小口切りにする
　└ 青じそ ……………………………… 2枚
　　　➡千切りにする

1 材料を混ぜ、加熱する

ボウルにAを入れて、粘り気が出るまで混ぜる。空気を抜きながら小判形に形づくる。耐熱皿にのせ、ポン酢じょうゆをかける。ふんわりとラップをして、電子レンジで2分加熱する。

2 裏返し、再び加熱する

いったん取り出して、ハンバーグを裏返し、ポン酢じょうゆをかける。ラップなしで、電子レンジで2分～2分30秒加熱する(竹串を刺して透き通った肉汁が出てくればよい)。
器に盛り、Bをのせ、耐熱皿に残ったポン酢じょうゆをかける。

れんこんつくね

〈1人分〉
334kcal　塩分3.3g

材料

A ┌ 鶏ひき肉 …………………… 100g
　│ れんこん ……………… 5cm・60g
　│ 　➡半分はすりおろし、半分は
　│ 　　包丁で細かくたたく
　│ しょうが（すりおろし）
　│ ………………………… 小さじ1
　│ 酒 ……………………… 大さじ1/2
　│ 片栗粉 ………………… 大さじ1/2
　└ 塩 ………………………………… 少々

たれ ┌ しょうゆ ………………… 大さじ1
　　│ みりん …………………… 大さじ1
　　└ 砂糖 ……………………… 大さじ1

青ねぎ（小口切り） ………………… 適宜

1 材料を混ぜ、形をつくり加熱する

ボウルにAを入れて、粘り気が出るまで混ぜる。2等分にして楕円形に形づくる。耐熱皿に並べ、たれをかける。ふんわりとラップをして、電子レンジで2分加熱する。

2 裏返し、再び加熱する

いったん取り出して、つくねを裏返し、たれをかける。ラップなしで、電子レンジで1分～1分30秒加熱する（ひき肉の色が変わればよい）。
器に盛り、青ねぎの小口切りをふる。

金目鯛、根菜、昆布の煮つけ

〈1人分〉
290kcal　塩分3.5g

材料

金目鯛切り身 ……………… 1切れ・120g
れんこん ………………………… 1cm・30g
　➡半分に切る
ごぼう ……………………………… 5cm・20g
　➡縦半分に切って、水に5分さらす
昆布 ………………………………………… 3cm

A ┌ しょうが（すりおろし）
　│ ………………………… 小さじ1
　│ しょうゆ ……………… 大さじ1 1/2
　│ 酒 ………………………… 大さじ2
　│ 砂糖 ……………………… 小さじ2
　└ 水 ………………………… 大さじ4

1 加熱し、蒸らす

耐熱皿にAを混ぜる。昆布をしいて金目鯛をのせ、あいたところにれんこん、ごぼうを入れる。ふんわりとラップをして、電子レンジで5分～5分30秒加熱する。そのまま2～3分おいて、余熱で蒸らす。

2 昆布を取り出し千切りにする

昆布は取り出して千切りにする。
器に金目鯛、根菜、煮汁とともに盛る。

さばのカレー竜田
カレー味でいつもと違う青魚のおいしさを実感

ごまいわし
やわらかく
ほどける身が絶品

塩ぶり大根
あっさりしているのに味わい深い塩味

鮭、あさり、じゃがいもの レモン蒸し
おなじみの素材がちょっとおしゃれに

主菜

さばのカレー竜田

〈1人分〉
385kcal　塩分1.7g

材料

さば切り身 ……………… 1切れ・120g
　➡3等分のそぎ切りにする
A ┌ カレー粉 ……………… 小さじ1/2
　│ しょうが(すりおろし)
　│　　　　　　 ……………… 小さじ1/2
　│ しょうゆ ……………… 大さじ1/2
　└ 酒 ……………………… 小さじ1/2
サラダ油 ………………… 大さじ1/2
片栗粉、サラダ菜 ……… 各適宜

1 味をなじませる

ボウルにAを入れて混ぜる。さばを入れてよくもみこみ、5分おく。さばの両面に片栗粉をたっぷりとまぶす。

2 ラップなしで加熱する

耐熱皿に1を並べ、サラダ油をかける。ラップなしで、電子レンジで3分〜3分30秒加熱する。
サラダ菜をしいた器に盛る。

ごまいわし

〈1人分〉
382kcal　塩分3.1g

材料

いわし ……………………… 2尾・200g
　➡頭を切り落とし、はらわたをかき出して、きれいに洗う
梅干 ………………………… 1個
　➡果肉を手でちぎる
しょうが(千切り) ………… 1かけ分
煮汁 ┌ しょうゆ …………… 大さじ1
　　 │ 酒 ………………… 大さじ1
　　 │ 砂糖 ……………… 大さじ1
　　 └ 水 ………………… 大さじ3
白すりごま ………………… 大さじ2

1 加熱する

耐熱皿に煮汁を混ぜる。いわし、梅干の果肉、しょうがを入れる。ふんわりとラップをして、電子レンジで3分加熱する。

2 裏返し、再び加熱する

いったん取り出して、いわしを裏返し、煮汁をかける。ラップなしで、電子レンジで2分〜2分30秒加熱する。白すりごまを加えて全体にまぶす。

塩ぶり大根

〈1人分〉
345kcal　塩分2.3g

材料
- ぶり切り身 …… 1切れ・120g
  - ➡3等分のそぎ切りにする
- 大根 …… 3cm・90g
  - ➡厚みを半分に切り、4等分に切る
- しょうが(薄切り) …… 1かけ分
- A
  - ゆずこしょう …… 小さじ1
  - 酒 …… 大さじ1
  - 塩 …… 小さじ1/4
  - 水 …… 1/2カップ
- ゆずの皮(千切り) …… 適宜

1 大根を加熱する
耐熱ボウルに大根を入れ、水大さじ1(分量外)をふる。ふんわりとラップをして、電子レンジで3分30秒～4分加熱する(P3参照)。やわらかくなればよい。

2 ぶり、しょうがを混ぜ再び加熱する
いったん取り出して、Aを加えて混ぜる。ぶり、しょうがを加えて軽く混ぜる。ふんわりとラップをして、電子レンジで4分～4分30秒加熱する。器に盛り、ゆずの皮の千切りを添える。

鮭、あさり、じゃがいものレモン蒸し

〈1人分〉
419kcal　塩分1.9g

材料
- 生鮭切り身 …… 1切れ・120g
  - ➡3等分のそぎ切りにする
- あさり(砂だししたもの、殻つき) …… 5～6個・80g
  - ➡殻をこすりあわせてきれいに洗う
- じゃがいも …… 小1個・100g
  - ➡5mm厚さに切る
- レモン(薄切り) …… 2枚
  - ➡半分に切る
- 白ワイン …… 大さじ1
- バター …… 大さじ1/2
- 塩・こしょう …… 各少々

1 材料を並べ、ワインをかける
耐熱皿にじゃがいもを並べ、上に鮭、レモンを交互にのせて、あさりを散らす。塩・こしょうをふり、白ワインをかける。

2 加熱する
ふんわりとラップをして、電子レンジで4分～4分30秒加熱する(あさりの殻が開いて、じゃがいもがやわらかくなればよい)。

3 取り出して混ぜる
取り出して、手でちぎったバターをところどころにのせて、さっくりと混ぜる。

主菜

トマトえびチリ
ミニトマトの食感がアクセントに

いかとアスパラの
しょうが炒め

刺身用のいかだから、噛みやすい

トマトえびチリ

〈1人分〉
257kcal　塩分3.7g

材料

- えび（無頭、殻つき） …… 8尾・160g
  ➡尾を残して殻をむき、背に切れ目を入れて背わたをとる
- ミニトマト …… 6個・90g
  ➡へたをとり、竹串で2～3カ所穴をあける
- ねぎ …… 10cm・25g
  ➡みじん切りにする
- A
  - にんにく（みじん切り） … 小さじ1/2
  - しょうが（みじん切り） … 小さじ1
  - 豆板醤 …… 小さじ1
  - ケチャップ …… 大さじ1 1/2
  - 砂糖 …… 小さじ1/2
  - 酒 …… 大さじ1
  - 片栗粉 …… 小さじ1
  - 水 …… 1/4カップ
  - 塩 …… 小さじ1/4
  - こしょう …… 少々
- 酢 …… 小さじ1
- ごま油 …… 小さじ1

1 材料を混ぜて、加熱する

耐熱ボウルにAを混ぜる。えび、ミニトマトを入れて軽く混ぜる。ふんわりとラップをして、電子レンジで2分30秒加熱する。

2 取り出して再び加熱する

いったん取り出して、ねぎ、酢、ごま油を加え、片栗粉の塊をほぐしながらよく混ぜる。再びふんわりとラップをして、電子レンジで30秒～1分加熱する。

いかとアスパラのしょうが炒め

〈1人分〉
352kcal　塩分3.1g

材料

- いか刺身用細切り …… 80g
- アスパラ …… 3本・60g
  ➡5mm厚さの斜め切りにする
- きくらげ（乾燥） …… 5g
  ➡水に5分つけて戻し、大きいものは半分に切る
- しょうが（千切り） …… 1かけ分
- A
  - 鶏ガラスープの素 …… 小さじ1/2
  - 酒 …… 大さじ1/2
  - 砂糖 …… 小さじ1/2
  - 片栗粉 …… 小さじ1/2
  - サラダ油 …… 小さじ1
  - 水 …… 大さじ2
  - 塩・こしょう …… 各少々

1 材料を混ぜる

耐熱ボウルにAを混ぜる。いか、アスパラ、きくらげ、しょうがを入れて軽く混ぜる。

2 加熱し混ぜる

ふんわりとラップをして電子レンジで2分30秒～3分加熱する。取り出して、片栗粉の塊をほぐしながらよく混ぜる。

PART 2

副 菜

切干大根と煮干の煮もの
定番のメニューも電子レンジで簡単に

五目ひじき
豆もしっかりふっくらと仕上がる

副菜

ひじきとパプリカのナムル
赤い色が食欲をそそる

切干大根のサラダ
いつもの素材で新しい食感

切干大根と煮干の煮もの

〈1人分〉
133kcal　塩分2.6g

材料

切干大根（乾燥） ……………… 5g
　➡ たっぷりの水（分量外）に5分つ
　　けてふやかし、ざく切りにする
さつま揚げ …………………… 1枚・30g
　➡ 水を含ませたペーパータオルで
　　包み、耐熱皿にのせ電子レンジ
　　で30秒加熱（P3参照）。5mm
　　幅に切る
にんじん ……………………… 1/5本・30g
　➡ 太めの千切りにする
煮干 ……………………………………… 5本
　➡ 頭、はらわた、骨をとる

A ┌ しょうゆ ………………… 小さじ2
　│ 酒 ………………………… 大さじ1
　│ 砂糖 ……………………… 小さじ2
　└ 水 ……………………… 1/2カップ

1　材料を混ぜて加熱する

耐熱ボウルに**A**を混ぜる。切干大根、さつま揚げ、にんじん、煮干を入れて軽く混ぜる。ふんわりとラップをして、電子レンジで3分加熱する。

2　取り出し混ぜて再び加熱する

いったん取り出してよく混ぜる。再びふんわりとラップをして、電子レンジで3分〜3分30秒加熱する。取り出してよく混ぜる。

3　味をなじませる

ラップで落し蓋をして、2〜3分おいて味をなじませる。

五目ひじき

〈1人分〉
206kcal　塩分3.1g

材料

あいびき肉 ……………………………… 30g
芽ひじき（乾燥） ………… 大さじ1・3g
　➡ たっぷりの水（分量外）に5分つ
　　けてふやかす
大豆（ドライパック） ……… 1/2袋・25g
にんじん ……………………… 1/5本・30g
　➡ 1cm角に切る
こんにゃく ………………… 小1/4枚・30g
　➡ 1cm角に切る

A ┌ しょうゆ ………………… 大さじ1
　│ 酒 ………………………… 大さじ1
　│ 砂糖 ……………………… 大さじ1/2
　└ 水 ……………………… 1/2カップ

1　材料を混ぜて加熱する

耐熱ボウルに**A**、あいびき肉を入れてほぐし混ぜる。芽ひじき、大豆、にんじん、こんにゃくを加えて軽く混ぜる。ふんわりとラップをして、電子レンジで5分加熱する。

2　取り出し混ぜて再び加熱する

いったん取り出してよく混ぜる。再びふんわりとラップをして、電子レンジで4分〜4分30秒加熱する。取り出してよく混ぜる。

3　味をなじませる

ラップで落し蓋をして、2〜3分おいて味をなじませる。

ひじきとパプリカのナムル

〈1人分〉 83kcal 塩分1.5g

材料

- 芽ひじき（乾燥） ……… 大さじ1・3g
  - ➡たっぷりの水（分量外）に5分つけてふやかす
- パプリカ（赤） ……… 1/4個・30g
  - ➡細切りにする
- 青ねぎ ……… 2本・10g
  - ➡縦半分に切って斜め切りにする
- A
  - 白いりごま ……… 小さじ1
  - にんにく（すりおろし） ……… 小さじ1/4
  - しょうゆ ……… 小さじ1
  - ごま油 ……… 小さじ1
  - 砂糖 ……… 小さじ1/2
  - 塩 ……… 少々

1 材料を混ぜて加熱する

耐熱ボウルにAを混ぜる。芽ひじき、パプリカ、青ねぎを入れて軽く混ぜる。ふんわりとラップをして、電子レンジで3分～3分30秒加熱する。

2 よく混ぜて味をなじませる

取り出してよく混ぜる。ラップで落し蓋をして、2～3分おいて味をなじませる。

副菜

切干大根のサラダ

〈1人分〉 109kcal 塩分1.3g

材料

- 切干大根（乾燥） ……… 1g
  - ➡たっぷりの水（分量外）に5分つけてふやかす。ざく切りにする。
- しょうが（千切り） ……… 1/2かけ分
- A
  - 酢 ……… 大さじ1 1/2
  - 塩 ……… 小さじ1/4
  - 砂糖 ……… 小さじ1
  - ごま油 ……… 大さじ1/2
  - 水 ……… 大さじ1 1/2
- トマト ……… 1/2個・75g
  - ➡4等分のくし切りにする
- 貝割菜 ……… 1/4パック・6g
  - ➡根元を切り落とす

1 材料を混ぜて加熱する

耐熱ボウルにAを混ぜる。切干大根、しょうがを入れて軽く混ぜる。ふんわりとラップをして、電子レンジで3分～3分30秒加熱する。

2 粗熱をとり、トマトと貝割菜を混ぜる

取り出してよく混ぜる。ラップで落し蓋をして、4～5分おいて粗熱をとる。トマト、貝割菜を加えてさっくりと混ぜる。

油揚げのねぎピザ
和の食材をちょっとおしゃれにいただく

豆乳ごま豆腐
とろける食感がやみつきに

副菜

厚揚げと桜えびの
ガーリックステーキ
にんにくの風味が濃厚な味を引き立てる

高野豆腐のそぼろ
思わずおかわりしたくなるおいしさ

油揚げのねぎピザ

〈1人分〉
183kcal　塩分0.7g

材料

油揚げ	1枚・20g
ねぎ	5cm・13g

　➡小口切りにする

しらす干し	大さじ2
ピザ用チーズ	大さじ2

1 油揚げを油抜きする

油揚げは水を含ませたペーパータオルで包む。耐熱皿にのせて電子レンジで30秒加熱して油抜きをする（P3参照）。

2 材料をのせ、加熱する

ペーパータオルを広げて油揚げの上にピザ用チーズの半量、ねぎ、しらす、残りのピザ用チーズの順にのせる。ラップなしで、電子レンジで2分〜2分30秒加熱する。
食べやすい大きさに切り分けて、器に盛る。

豆乳ごま豆腐

〈つくりやすい分量・2人分〉
〈1人分〉194kcal　塩分1.3g

材料

A ┌ 粉ゼラチン ……… 小さじ1・3g
　└ 水 ……………………… 大さじ1
　➡水を入れた器にゼラチンをふり入れてふやかす

白練りごま	50g
だし	1/2カップ
豆乳	1/2カップ
塩	少々

B ┌ めんつゆ（2倍希釈）… 大さじ2
　└ 水 ……………………… 大さじ4

練りわさび ……………………… 適宜

1 加熱し、粗熱をとったら冷蔵庫へ

耐熱ボウルに練りごまを入れ、だしを少量ずつ加えて溶きのばす。ふんわりとラップをして、電子レンジで1分30秒〜2分加熱する。熱いうちにAを加えて溶かし混ぜる。豆乳、塩を加えて混ぜあわせ、粗熱をとる。ラップをして、冷蔵庫に2時間以上入れて冷やし固める。

2 器に盛る

スプーンですくって半量ずつ器に盛り、それぞれにBをかけ、練りわさびを添える。

厚揚げと桜えびのガーリックステーキ

〈1人分〉247kcal　塩分1.9g

副菜

材料

厚揚げ	1/2枚・100g
桜えび	大さじ2・5g
にんにく（みじん切り）	小さじ1/2
しょうゆ	小さじ2
オリーブオイル	大さじ1/2
青ねぎ（小口切り）	適宜

1 厚揚げを油抜きする
厚揚げは水を含ませたペーパータオルで包む。耐熱皿にのせて電子レンジで30秒加熱し油抜きをする（P3参照）。1cm厚さに切る。

2 加熱し、盛り付ける
耐熱皿に厚揚げの切り口を上にして並べ、桜えび、にんにくをのせ、しょうゆ、オリーブオイルをかける。ラップなしで、電子レンジで2分～2分30秒加熱する。器に盛り、青ねぎをふる。

高野豆腐のそぼろ

〈つくりやすい分量・2人分〉
〈1人分〉102kcal　塩分0.9g

材料

高野豆腐	1個・16g
→たっぷりの水（分量外）に5分つけてふやかす。みじん切りにする	
A 干ししいたけ	1個・3g
水	1/2カップ
にんじん	1/5本・30g
→みじん切りにする	
しょうが（みじん切り）	小さじ1
しょうゆ	小さじ2
みりん	大さじ1/2
砂糖	大さじ1/2
黒いりごま	大さじ1

1 干ししいたけを戻してみじん切りに
耐熱ボウルにAを入れる。ふんわりとラップをして、電子レンジで2分加熱する（P3参照）。そのまま粗熱をとる。干ししいたけは取り出し、石づきをとってみじん切りにする。戻し汁の入ったボウルに戻しいれる。

2 材料を混ぜて加熱する
1にその他の材料をすべて入れて、軽く混ぜる。ふんわりとラップをして、電子レンジで5分加熱する。

3 再び加熱し、味をなじませる
いったん取り出してよく混ぜる。再びふんわりとラップをして、電子レンジで5分加熱する。取り出してよく混ぜる。ラップで落し蓋をして2～3分おいて味をなじませる。

ポテトビーンズサラダ
豆の食感の違いを楽しめる一品

さつまいものレモン煮
しっかりふっくら照りよくできる

副菜

里芋のいか塩辛バター
バターのコクが味に深みを与える

小松菜とにんじんの塩昆布あえ
塩昆布が野菜の味を引き立てる

ポテトビーンズサラダ

〈つくりやすい分量・2人分〉
〈1人分〉218kcal　塩分0.6g

材料

じゃがいも	1個・150g
ミックスビーンズ（ドライパック）	1/2袋・50g
マヨネーズ	大さじ2
酢	小さじ1
砂糖・塩・こしょう	各少々
サラダ菜	適宜

1 じゃがいもを蒸す

じゃがいもは皮つきのまま、ラップにのせ、水大さじ1（分量外）をふる。ふんわりとラップで包み、電子レンジで3分～3分30秒加熱する（P3参照）。やわらかくなればよい。そのまま粗熱をとる。

2 じゃがいもと他の材料を混ぜる

じゃがいもは皮をむいて、フォークなどで粗くつぶす。ミックスビーンズ、マヨネーズ、酢を加えて軽く混ぜ、砂糖・塩・こしょうで調味する。
サラダ菜をしいた器に盛る。

さつまいものレモン煮

〈1人分〉166kcal　塩分1.0g

材料

さつまいも	小1/2本・100g
➡ 皮つきのまま1cm厚さに切って水に5分さらす	
レモン（薄切り）	2枚
➡ 半分に切る	
A　しょうゆ	小さじ1/2
砂糖	小さじ2
水	1/2カップ
塩	少々

1 材料を混ぜて加熱する

耐熱ボウルにAを混ぜる。さつまいも、レモンを加えて軽く混ぜる。ふんわりとラップをして、電子レンジで3分～3分30秒加熱する。

2 味をなじませる

取り出して軽く混ぜる。ラップで落し蓋をして2～3分おいて味をなじませる。

里芋のいか塩辛バター

〈1人分〉 153kcal 塩分2.1g

副菜

材料
- ゆで里芋（市販）………… 小5個・150g
- いか塩辛 ………………………… 大さじ2
- バター …………………………… 小さじ1

1 材料を混ぜて加熱する
耐熱ボウルに里芋、いか塩辛を入れて軽く混ぜる。ふんわりとラップをして、電子レンジで1分30秒～2分加熱する。

2 バターを加える
熱いうちにバターを加えて溶かし混ぜる。

小松菜とにんじんの塩昆布あえ

〈1人分〉 33kcal 塩分1.3g

材料
- 小松菜 ………………………… 1/3束・100g
  - ➡ 4cm長さに切る
- にんじん ……………………… 1/5本・30g
  - ➡ 1cm幅の短冊切りにする
- 水 ………………………………… 大さじ1/2
- 塩昆布（細切り）………… 大さじ1 1/2

1 材料を混ぜて加熱する
耐熱ボウルに小松菜、にんじん、水を入れて混ぜる。ふんわりとラップをして、電子レンジで2分～2分30秒加熱する。

2 味をなじませる
取り出して、熱いうちに塩昆布を加えて軽く混ぜる。ラップで落し蓋をして2～3分おいて味をなじませる。

にらたま納豆
ふわっとろっとした優しいお味

スナップえんどうと
ハムのクリーム煮
片栗粉でとろみをつけるのがポイント

副菜

ブロッコリーと
マカロニのサラダ
小さく切ったブロッコリーがソースによくからむ

青梗菜のカクテギ
あっという間に本格的な味に

にらたま納豆

〈1人分〉 204kcal　塩分1.2g

材料

にら	1/2束・50g
➡3cm長さに切る	
納豆	小1パック・30g
溶き卵	1個分
めんつゆ（2倍希釈）	大さじ1
サラダ油	小さじ1

1 材料を混ぜて加熱する

耐熱ボウルにすべての材料を入れて、よく混ぜる。ふんわりとラップをして、電子レンジで1分加熱する。

2 よく混ぜて再び加熱する

いったん取り出してよく混ぜる。再びふんわりとラップをして、電子レンジで30秒〜1分加熱する。

スナップえんどうとハムのクリーム煮

〈1人分〉 185kcal　塩分1.7g

材料

スナップえんどう	6個・120g
➡へたと筋をとる	
ハム	2枚・30g
➡縦半分に切り、1cm幅に切る	
A しょうが（すりおろし）	小さじ1/2
鶏ガラスープの素	小さじ1/4
片栗粉	小さじ1/2
牛乳	1/2カップ
塩・こしょう	各少々

1 材料を混ぜて加熱する

耐熱ボウルに**A**を混ぜる。スナップえんどう、ハムを入れて軽く混ぜる。ふんわりとラップをして、電子レンジで1分30秒加熱する。

2 ほぐして再び加熱する

いったん取り出して、片栗粉の塊をほぐしながらよく混ぜる。再びふんわりとラップをして、電子レンジで1分30秒〜2分加熱する。

ブロッコリーと マカロニのサラダ

〈1人分〉
219kcal　塩分1.6g

材料

A
- ブロッコリー ……… 1/5個・50g
  ➡細かく刻む
- マカロニ（サラダ用、3分ゆで）
  …………………………… 20g
- 水 ……………… 1/3カップ
- 塩 ……………… 小さじ1/4
- こしょう ……………… 少々

マヨネーズ ……………… 大さじ1

1 材料を加熱し粗熱をとる
耐熱ボウルに**A**を入れて混ぜる。ふんわりとラップをして、電子レンジで4～4分30秒加熱する。取り出して軽く混ぜ、ラップをして粗熱をとる（マカロニがやわらかくなればよい）。

2 水気を切り、混ぜる
水分が残っていたら水気を切り、マヨネーズを加えて混ぜる。

副菜

青梗菜のカクテギ

〈1人分〉
118kcal　塩分1.6g

材料

青梗菜（チンゲンサイ）……… 1株・100g
➡5cm長さに切り、芯は縦に6～8等分に切る

A
- 削り節 ……… 小1/2パック・1.5g
  ➡手でもんで細かくする
- にんにく（すりおろし）
  ……………………… 小さじ1/4
- しょうが（すりおろし）
  ……………………… 小さじ1/4
- 豆板醤 ……………… 小さじ1/2
- しょうゆ …………… 小さじ1/2
- 酒 …………………… 大さじ1
- はちみつ …………… 小さじ1
- 白すりごま ………… 大さじ1/2
- ごま油 ……………… 小さじ1
- 塩・こしょう ……… 各少々

1 材料を混ぜ、加熱する
耐熱ボウルに**A**を混ぜる。青梗菜を入れて軽く混ぜる。ふんわりとラップをして、電子レンジで1分30秒～2分加熱する。

2 味をなじませる
取り出して軽く混ぜる。ラップで落し蓋をして2～3分おいて味をなじませる。

にんじんのツナみそあえ
みその甘味でごはんがすすむ

かぼちゃのはちみつ煮
下ごしらえがポイント

副菜

なすのおひたし
皮にサラダ油を塗ると照りよく仕上がる

ふろふき大根
中までふっくらしておいしい

にんじんのツナみそあえ

〈1人分〉 142kcal 塩分1.9g

材料

- にんじん ……………… 1/3本・50g
  ➡縦半分に切って斜め薄切りにする
- ツナ缶 …………………… 小1缶・75g
  ➡缶汁を切る
- みそ …………………………… 小さじ1
- みりん ………………………… 大さじ1

1 材料を混ぜて加熱する
耐熱ボウルにみそ、みりんを入れてよく混ぜる。にんじん、ツナ缶を加えて軽く混ぜる。ふんわりとラップをして、電子レンジで2分30秒～3分加熱する。

2 味をなじませる
取り出して軽く混ぜる。ラップで落し蓋をして2～3分おいて味をなじませる。

かぼちゃのはちみつ煮

〈1人分〉 172kcal 塩分1.3g

材料

- かぼちゃ ……………… 1/12個・160g
  ➡種とわたをとる
- A ┌ はちみつ ……………… 大さじ1/2
    │ しょうゆ ……………… 大さじ1/2
    └ 水 ……………………… 1/2カップ

1 かぼちゃを切りやすくする
かぼちゃはふんわりとラップで包み、皮面を下にして電子レンジで1分加熱する（P3参照）。取り出して2cm角に切る。

2 加熱する
耐熱ボウルにAを混ぜる。かぼちゃの皮を下にして並べる。ふんわりとラップをして、電子レンジで3分～3分30秒加熱する。やわらかくなればよい。

なすのおひたし

〈1人分〉
33kcal　塩分0.5g

材料

なす ························· 1本・80g
➡へたをつけたまま縦半分に切って、斜めに幅5mmの切れ目を入れる。水に5分さらす
サラダ油 ························ 少々
A ┌ めんつゆ（2倍希釈）
　│ ···················· 大さじ1/2
　└ 水 ················· 大さじ1/2
削り節、しょうが（すりおろし）
··························· 各適宜

1 加熱する

耐熱皿になすの切り口を下にして並べ、皮にサラダ油を薄く塗る。ふんわりとラップをして、電子レンジで1分30秒～2分加熱する。

2 器に盛る

器に盛り、Aをかけ、削り節、おろししょうがを添える。

副菜

ふろふき大根

〈1人分〉
66kcal　塩分1.2g

材料

大根 ···················· 3cm・100g
➡厚みを半分に切り、縦半分に切る
たれ ┌ みそ ············ 大さじ1/2
　　 │ 砂糖 ············· 小さじ1
　　 │ みりん ·········· 大さじ1/2
　　 └ 水 ··············· 大さじ1/2

1 大根を下ゆでする

耐熱皿に大根を入れ、水大さじ1（分量外）をふる。ふんわりとラップをして電子レンジで3分30秒～4分加熱する（P3参照）。やわらかくなればよい。

2 たれを加熱する

小さめの耐熱の器にたれを混ぜる。ラップなしで、電子レンジで30秒～1分加熱する。
器に大根を盛り、たれをかける。

かぶと
ソーセージのソテー
オリーブオイルがしっとりからんでおいしい

副菜

マッシュルームの アヒージョ

みじん切りにしたベーコンがからみやすい

かぶと
ソーセージのソテー

〈1人分〉
189kcal　塩分1.3g

材料

かぶ ………………………… 1個・120g
　➡根は5mm厚さ、葉は4cm長さに切る
ソーセージ ………………… 2本・40g
　➡1cm幅の斜め切りにする
オリーブオイル …………… 小さじ1
塩・こしょう ……………… 各少々

1 材料を混ぜ、加熱する

耐熱ボウルにすべての材料を入れて、軽く混ぜる。ふんわりとラップをして、電子レンジで2分～2分30秒加熱する。

マッシュルームの
アヒージョ

〈1人分〉
315kcal　塩分0.8g

材料

マッシュルーム …………… 6個・90g
　➡石づきをとって、半分に切る
ベーコン …………………… 1枚・15g
　➡みじん切りにする
にんにく（みじん切り）…… 小さじ1/2
オリーブオイル …………… 大さじ2
パセリ（みじん切り）……… 大さじ1
塩・こしょう ……………… 各少々

1 材料を混ぜ、加熱する

耐熱のグラタン皿にマッシュルーム、ベーコン、にんにく、オリーブオイルを入れて軽く混ぜ、塩・こしょうで調味する。ふんわりとラップをして、電子レンジで1分30秒～2分加熱する。

2 取り出して混ぜる

取り出してパセリを加えて軽く混ぜる。

PART 3

ごはん・麺

中華風おこわ
レンジにかけて
蒸すのがポイント

たらこ雑炊
たらこの身と溶き卵を
からめるのがコツ

ごはん・麺

ベーコンとグリンピースの玄米リゾット
粉チーズで濃厚な味に

なすと枝豆のキーマカレー
枝豆の食感がアクセントに

中華風おこわ

〈つくりやすい分量・2〜3人分〉
〈1人分〉220kcal　塩分1.6g

材料

もち米	1合・180mℓ

　➡たっぷりの水（分量外）に30分つけて、ざるにあげて水気を切る

A
- 干ししいたけ（乾燥） … 1個・3g
- 水 … 1/2カップ

ゆでたけのこ ………… 小1/4個・50g
　➡1cm角に切る

チャーシュー（市販） …………… 50g
　➡1cm角に切る

B
- 鶏ガラスープの素 …… 小さじ1/2
- しょうゆ …………… 大さじ1/2
- オイスターソース …… 小さじ1/2
- 砂糖 ………………… 小さじ1
- 塩 …………………… 小さじ1/4
- 酒 …………………… 大さじ1/2
- ごま油 ……………… 小さじ1
- 水 …………………… 1/2カップ
- こしょう …………… 少々

1 だしを作る

耐熱ボウルにAを入れる。ふんわりとラップをして、電子レンジで2分加熱する。そのまま粗熱をとる（P3参照）。干ししいたけは取り出し、石づきをとって1cm角に切る。戻し汁の入ったボウルに戻しいれる。

2 材料を混ぜて加熱する

1にBを入れて混ぜる。もち米、ゆでたけのこ、チャーシューを加えて軽く混ぜる。ふんわりとラップをして、電子レンジで5分加熱する。

3 蒸らして再び加熱する

いったん取り出してほぐし混ぜ、ラップをして5分蒸らす。再びふんわりとラップをして、電子レンジで5分加熱する。取り出してほぐし混ぜ、ラップをして5分蒸らす。

たらこ雑炊

〈1人分〉
321kcal　塩分2.7g

材料

ごはん ……… 茶碗に軽く1杯分・100g
　➡水で洗って粘り気をとり、ざるにあげて水気を切る

たらこ ……………………… 1/2腹・40g
　➡皮に切れ目を入れて、身をこそげとる

溶き卵 ………………………………… 1個分

A
- だし ………………………… 1カップ
- 酒 …………………………… 大さじ1/2
- しょうゆ …………………… 小さじ1/2

糸三つ葉（ざく切り） ……………… 適宜

1 材料を混ぜて加熱する

耐熱ボウルにA、ごはんを入れて軽く混ぜる。ふんわりとラップをして、電子レンジで5分加熱する。

2 取り出し、再び加熱する

いったん取り出して、たらこ、溶き卵を加えて軽く混ぜる。再びふんわりとラップをして、電子レンジで30秒〜1分加熱する。
器に盛り、糸三つ葉を散らす。

ベーコンとグリンピースの玄米リゾット

〈1人分〉 408kcal 塩分2.0g

材料

- 玄米ごはん …… 茶碗に軽く1杯分・100g
- ベーコン …………………………… 1枚・15g
  - ➡1cm角に切る
- グリンピース（冷凍）………… 大さじ3
- たまねぎ ……………………… 1/8個・25g
  - ➡1cm角に切る
- トマト ………………………… 1/2個・75g
  - ➡1cm角に切る
- 固形スープの素 …………………… 1/2個
  - ➡細かく刻む
- 水 ………………………………… 1/2カップ
- バター ……………………………… 大さじ1
- 粉チーズ …………………………… 大さじ1
- 塩・こしょう ……………………… 各少々

1 材料を混ぜて加熱する

耐熱ボウルに玄米ごはん、ベーコン、グリンピース、たまねぎ、トマト、固形スープの素、水を入れて軽く混ぜ、塩・こしょうで調味する。ふんわりとラップをして、電子レンジで5分加熱する。

2 バターを加え混ぜる

取り出してバターを加えて軽く混ぜる。器に盛り、粉チーズをふる。

なすと枝豆のキーマカレー

〈1人分〉 728kcal 塩分3.9g

材料

- A
  - あいびき肉 ……………………… 80g
  - にんにく（すりおろし）… 小さじ1/2
  - しょうが（すりおろし）…… 小さじ1
  - 赤唐辛子（小口切り）…… 1/2本分
  - トマトジュース（無塩）… 1/2カップ
- なす ……………………………… 1本・80g
  - ➡1cm角に切り、水に5分さらす
- たまねぎ ……………………… 1/4個・50g
  - ➡みじん切りにする
- カレールー（フレークタイプ）…… 30g
- ゆで枝豆 ………………… 50g・正味25g
  - ➡さやから豆を出す
- バター ……………………………… 小さじ1
- 塩・こしょう ……………………… 各少々
- 温かいごはん … 茶碗に1杯分・150g

1 材料を混ぜて加熱する

耐熱ボウルにA、なす、たまねぎを入れてよく混ぜる。ふんわりとラップをして、電子レンジで5分加熱する。

2 ルーを加え再び加熱する

いったん取り出してカレールーを加えて混ぜる。再びラップをして、電子レンジで1分〜1分30秒加熱する。取り出して枝豆、バターを加えてよく混ぜて、塩・こしょうで調味する。器にごはんを盛り、キーマカレーをかける。

ごはん・麺

おかか
チャーハン
レンジで卵がふわふわに

オイル
サーディンの
蒲焼丼
ちょっとおしゃれな
魚のどんぶり

ごはん・麺

チーズオムライス
とろけるチーズエッグがやみつきに

カレーうどん
少し牛乳を入れるのがコツ

おかかチャーハン

〈1人分〉
516kcal　塩分2.7g

材料

A ┬ 温かいごはん ……………… 茶碗に1杯分・150g
　├ 溶き卵 …………………………………… 1個分
　├ ハム …………………………………… 3枚・45g
　│　➡みじん切りにする
　├ ねぎ …………………………………… 10cm・25g
　│　➡みじん切りにする
　├ しょうゆ ……………………………… 小さじ1
　└ 塩・こしょう ………………………… 各少々
削り節 ……………………………………… 1パック・3g
サラダ油 …………………………………… 大さじ1/2

1 材料を混ぜて加熱する

耐熱ボウルにA、削り節の半量を入れてよく混ぜる。ふんわりとラップをして、電子レンジで2分～2分30秒加熱する。

2 サラダ油を加えてほぐす

取り出して、サラダ油を加えてほぐし混ぜる。味が足りなければ塩・こしょうで調味する。
器に盛り、残りの削り節をふる。

オイルサーディンの蒲焼丼

〈1人分〉
535kcal　塩分2.3g

材料

温かいごはん …… 茶碗に1杯分・150g
オイルサーディン缶 ……… 1缶・105g
　➡缶汁を切る
ねぎ …………………………… 5cm・13g
　➡白髪ねぎにする
青じそ ………………………………… 1枚
　➡千切りにする
しょうゆ ……………………………… 小さじ2
七味唐辛子 …………………………… 適宜

1 しょうゆをかけて加熱する

耐熱皿にオイルサーディンを並べ、しょうゆをかける。ラップなしで、電子レンジで30秒～1分加熱する。

2 ごはんの上にのせる

器に温かいごはんを盛り、1をたれごとのせる。白髪ねぎ、青じそを添え、七味唐辛子をふる。

チーズオムライス

〈1人分〉
741kcal　塩分3.2g

材料

A
- 温かいごはん …… 茶碗に1杯分・150g
- 鶏もも肉 …… 1/3枚・80g
  ➡ 1cm角に切る
- マッシュルーム …… 3個・45g
  ➡ 石づきをとり、薄切りにする
- たまねぎ …… 1/4個・50g
  ➡ みじん切りにする
- バター …… 小さじ1
- ケチャップ …… 大さじ2
- 塩・こしょう …… 各少々

B
- 溶き卵 …… 1個分
- 牛乳 …… 大さじ1
- プロセスチーズ …… 小1個・20g
  ➡ 1cm角に切る
- バター …… 小さじ1
- 塩・こしょう …… 各少々

1 チキンライスの材料を入れて加熱する

耐熱ボウルに**A**を入れて混ぜる。ふんわりとラップをして電子レンジで5分〜5分30秒加熱する（鶏肉の色が変わればよい）。取り出してよく混ぜる。

2 オムレツの材料を混ぜて加熱する

別の耐熱ボウルに**B**を混ぜる。ふんわりとラップをして電子レンジで1分30秒〜2分加熱する。半熟状になったらすぐに取り出してほぐし混ぜる。

3 盛り付ける

器に1を盛り、2をのせる。

ごはん・麺

カレーうどん

〈1人分〉
590kcal　塩分4.4g

材料

- ゆでうどん …… 1玉・200g
- 豚こま肉 …… 80g
- たまねぎ …… 1/4個・50g
  ➡ 薄切りにする
- A
  - めんつゆ（2倍希釈） …… 大さじ1
  - 水 …… 1 1/2カップ
- カレールー（フレークタイプ） …… 25g
- 牛乳 …… 大さじ1
- 青ねぎ（小口切り） …… 適宜

1 材料を混ぜて加熱する

耐熱ボウルに**A**を混ぜる。ゆでうどん、豚肉、たまねぎを入れてほぐし混ぜる。ふんわりとラップをして、電子レンジで5分加熱する。

2 再び加熱する

いったん取り出してカレールー、牛乳を加えてカレールーを溶かし混ぜる。再びラップをして、電子レンジで1分〜1分30秒加熱する。
器に盛り、青ねぎの小口切りをふる。

焼きうどん
ちょっと手軽なお昼ごはんに

※野菜の色で着色した紅しょうがを使用しています。

刻みたぬきそば
油揚げと揚げ玉の食感が両方楽しめる

鶏南蛮そば
冷たいそばと温かいつけ汁が好相性

坦々あえ麺
肉みそはごはんに
かけてもおいしい

焼きうどん

〈1人分〉
555kcal　塩分4.2g

材料

ゆでうどん	1玉・200g
豚こま肉	80g
A ┬ キャベツ	1枚・50g
➡芯をとってざく切りにする	
たまねぎ	1/8個・25g
➡薄切りにする	
にんじん	1/5本・30g
➡縦半分に切って、斜め薄切りにする	
ウスターソース	大さじ2
サラダ油	大さじ1/2
└ 塩・こしょう	各少々
紅しょうが、青のり	各適宜

1 麺を温める
ゆでうどんは、袋にキッチンばさみで2～3カ所穴をあける。袋ごと電子レンジで2分加熱して温める（P3参照）。

2 材料を混ぜて加熱する
耐熱ボウルにゆでうどん、豚肉を入れてほぐし混ぜる。Aを加えて軽く混ぜる。ふんわりとラップをして、電子レンジで5分～5分30秒加熱する。（豚肉の色が変わればよい）取り出してよく混ぜる。
器に盛り、青のりをふり、紅しょうがを添える。

刻みたぬきそば

〈1人分〉
504kcal　塩分3.3g

材料

ゆでそば	1玉・200g
油揚げ	1枚・20g
A ┬ そばつゆ（ストレート）	1/2カップ
└ 水	1カップ
揚げ玉	大さじ3
青ねぎ（小口切り）、七味唐辛子	各適宜

1 油揚げの油抜きをする
油揚げは水を含ませたペーパータオルで包む。耐熱皿にのせて電子レンジで30秒加熱して油抜きをする（P3参照）。横半分に切って1cm幅に切る。

2 材料を入れて加熱する
耐熱ボウルにAを混ぜる。油揚げを入れて軽く混ぜる。ふんわりとラップをして、電子レンジで5分加熱する。

3 そばを入れて再び加熱する
いったん取り出して、ゆでそばを加えて軽く混ぜる。再びふんわりとラップをして、電子レンジで3分加熱する。器に盛り、揚げ玉、青ねぎの小口切り、好みで七味唐辛子をふる。

鶏南蛮そば

〈1人分〉
638kcal　塩分3.4g

材料

ゆでそば	1玉・200g
鶏もも肉	1/2枚・125g
➡1cm幅のそぎ切りにする	
ねぎ	1/2本・40g
➡5cm長さに切り、縦4等分に切る	
そばつゆ（ストレート）	1/2カップ
七味唐辛子	適宜

（鶏もも肉、ねぎ、そばつゆがA）

1 そばを温め粗熱をとる

ゆでそばは、袋にキッチンばさみで2～3カ所穴をあける。袋ごと電子レンジで2分加熱して温める（P3参照）。流水にさらして粗熱をとり、ざるにあげて水気を切る。

2 材料を混ぜて加熱する

耐熱ボウルにAを混ぜる。ふんわりとラップをして、電子レンジで4分30秒～5分加熱する（鶏肉の色が変わればよい）。
それぞれを器に盛り、好みで七味唐辛子を添える。

坦々あえ麺

〈1人分〉
743kcal　塩分4.2g

材料

中華蒸し麺	1玉・200g
ごま油	小さじ1
豚ひき肉	80g
にんにく（すりおろし）	小さじ1/2
豆板醤	小さじ1
みそ	大さじ1/2
砂糖	小さじ1
ごま油	小さじ1/2
塩・こしょう	各少々
青梗菜	1株・100g
➡5cm長さに切り、芯は4～6等分に切る	
味つけザーサイ	大さじ1
白すりごま	大さじ1
ラー油	少々

（豚ひき肉～塩・こしょうがA）

1 中華蒸し麺を温める

中華蒸し麺は、袋にキッチンばさみで2～3箇所穴をあける。袋ごと電子レンジで2分加熱して温める（P3参照）。

2 具を加熱する

耐熱ボウルにAを混ぜる。上に青梗菜をのせる。ふんわりとラップをして、電子レンジで3分～3分30秒加熱する（ひき肉の色が変わればよい）。

3 盛り付ける

器に中華麺をほぐしいれ、ごま油をまぶす。よくほぐした2、青梗菜、味つけザーサイをのせ、白すりごま、ラー油をかける。

長崎ちゃんぽん
市販のインスタントラーメンを変身させる

ボンゴレ・ペンネ
ペンネは水でふやかしてから加熱する

長崎ちゃんぽん

〈1人分〉
688kcal　塩分4.1g

材料

インスタントラーメン（塩味、3分ゆで） …… 1袋
豚こま肉 ……………………………………… 50g
A ┬ むきえび ……………………………… 30g
　├ ちくわ …………………………… 小1本・20g
　│　➡5mm厚さの輪切りにする
　├ キャベツ ………………………… 1枚・50g
　│　➡縦半分に切って薄切りにする
　├ にんじん ………………………… 1/5本・30g
　│　➡1cm幅の短冊切りにする
　└ もやし …………………………… 1/4袋・50g
B ┬ 牛乳 …………………………………… 大さじ3
　├ 水 …………………………………… 2カップ
　└ 塩・こしょう ……………………………… 各少々

1 材料を混ぜ加熱する

耐熱ボウルにインスタントラーメン添付のスープの半量を入れて、**B**を混ぜる。豚肉を入れてほぐす。インスタントラーメンの麺、**A**を加えて軽く混ぜる。ふんわりとラップをして、電子レンジで5分〜5分30秒加熱する（豚肉の色が変わればよい）。

2 混ぜる

取り出してよく混ぜる。

ボンゴレ・ペンネ

〈1人分〉
455kcal　塩分2.4g

材料

ペンネ（13分ゆで） …………………………… 80g
A ┬ あさり（殻つき、砂だししたもの）
　│　　　　　　　　　　　　 6〜7個・100g
　│　➡殻をこすりあわせてよく洗う
　├ ベーコン ………………………… 2枚・30g
　│　➡1cm幅に切る
　├ エリンギ ………………………… 1本・50g
　│　➡長さを半分に切って縦4等分に切る
　├ たまねぎ ………………………… 1/4個・50g
　│　➡薄切りにする
　├ にんにく（みじん切り） … 小さじ1/2・1/2かけ分
　├ オリーブオイル ………………………… 小さじ1
　├ 白ワイン（または酒） ………………… 大さじ1
　├ 水 …………………………………… 1カップ
　├ 塩 ………………………………… 小さじ1/4
　└ こしょう ……………………………………… 少々
パセリ（みじん切り） ………………………… 適宜

1 ペンネを温める

耐熱ボウルにペンネを入れて、たっぷりの水（分量外）を注ぐ。ふんわりとラップをして、電子レンジで5分加熱する。そのまま5分おいてふやかし、水気を切る。

2 材料を混ぜて再び加熱する

Aを加えて混ぜる。ふんわりとラップをして、電子レンジで5〜5分30秒加熱する（ペンネがやわらかくなり、あさりの殻があけばよい）。取り出して軽く混ぜる。
器に盛り、パセリのみじん切りをふる。

PART 4

汁もの

豚汁
いつもの味も
1人分でつくれる

しじみとにらのみそ汁
殻があいたらできあがり

おくら、長いも、もずくのとろみ汁

3種類のとろみの違いがおもしろい

しらすと みょうがのかき卵汁

溶き卵を入れる順番がポイント

豚汁

〈1人分〉
222kcal　塩分2.6g

材料

A
- 豚こま肉 ……………………… 50g
- ゆで里芋（市販）…… 小1個・30g
  ➡1cm厚さに切る
- 大根 ……………………… 1cm・30g
  ➡縦4等分に切って厚みも半分に切る
- にんじん ………………… 1cm・10g
  ➡縦半分に切って厚みも半分に切る
- ごぼう …………………… 5cm・15g
  ➡小口切りにする。水に5分さらす

B
- だし …………………………… 1カップ
- 酒 …………………………… 大さじ1

みそ …………………………………… 大さじ1
ねぎ（小口切り）…………………………… 適宜

1 具材を混ぜて加熱する

耐熱ボウルにBを混ぜる。Aを入れてよく混ぜる。ふんわりとラップをして、電子レンジで5分加熱する。

2 蒸らして再び加熱する

そのまま2〜3分おいて、余熱で蒸らす。再び電子レンジで3分〜3分30秒加熱する。
みそを溶きいれて、器に盛り、ねぎを添える。

しじみとにらのみそ汁

〈1人分〉
67kcal　塩分2.6g

材料

しじみ（殻つき、砂だししたもの）
　　　…………………………………… 70g
　➡殻をこすりあわせて洗う
にら …………………………… 1本・10g
　➡1cm長さに切る

A
- だし …………………………… 1カップ
- 酒 …………………………… 大さじ1

みそ …………………………………… 大さじ1

1 しじみとだしを混ぜて加熱する

耐熱ボウルにしじみ、Aを入れて混ぜる。ふんわりとラップをして、電子レンジで3分〜3分30秒加熱する（しじみの殻が開けばよい）。

2 みそとにらを入れ、蒸らす

みそを溶きいれて、にらを加えて混ぜる。ラップをしてそのまま2〜3分おいて、余熱で蒸らし、器に盛る。

おくら、長いも、もずくのとろみ汁

〈1人分〉
78kcal　塩分2.2g

材料

- おくら ……………………… 1本・10g
  - ➡小口切りにする
- 長いも ……………………… 5cm・100g
  - ➡ポリ袋に入れてめん棒（または空き瓶）で粗くたたく
- もずく（塩抜きしたもの）
  ……………………… 小1パック・30g
- だし ……………………… 1カップ
- 淡口しょうゆ（なければしょうゆ）
  ……………………… 大さじ1/2
- 塩 ……………………… 少々

1 材料を入れて加熱する

耐熱ボウルにすべての材料を入れて混ぜる。ふんわりとラップをして、電子レンジで2分～2分30秒加熱する。

しらすとみょうがのかき卵汁

〈1人分〉
105kcal　塩分2.3g

材料

A ┌ しらす干し ……………… 大さじ2
　│ みょうが ……………… 1個・15g
　│　➡小口切りにする
　│ だし ……………… 1カップ
　└ 薄口しょうゆ（またはしょうゆ）
　　　……………… 大さじ1/2
- 溶き卵 ……………… 1個分

1 Aを加熱する

耐熱ボウルにAを混ぜる。ふんわりとラップをして、電子レンジで1分30秒加熱する。

2 溶き卵を入れ再び加熱する

いったん取り出して、溶き卵を回しいれる。再びふんわりとラップをして、電子レンジで1分30秒～2分加熱する。
卵をよくほぐし、器に盛る。

汁もの

鮭缶の石狩汁

添えたバターが
コクを出しておいしい

れんこんのすりながし汁

食欲がないときにも
サラッと食べられる

さば缶のみぞれ汁
缶の汁ごと使うのがポイント

汁もの

かぶの豆乳ポタージュ
粉チーズとにんにくが濃厚な味を引き出す

鮭缶の石狩汁

〈1人分〉
312kcal　塩分2.1g

材料

鮭缶		1/2缶・85g
A	じゃがいも	小1個・100g
	➡縦半分に切って1cm厚さに切る	
	たまねぎ	1/8個・25g
	➡薄切りにする	
	ホールコーン（缶詰）	大さじ1
	だし	1カップ
	酒	大さじ1
みそ		大さじ1/2
バター		大さじ1/2

1 みそとバター以外の材料を加熱する

耐熱ボウルにAを混ぜる。鮭缶は缶汁ごと入れる。ふんわりとラップをして、電子レンジで5分～5分30秒加熱する（じゃがいもがやわらかくなればよい）。

2 みそとバターを加える

みそを溶きいれて、器に盛り、バターを添える。

れんこんのすりながし汁

〈1人分〉
159kcal　塩分1.4g

材料

A	れんこん	5cm・60g
	➡すりおろす	
	豚ばら薄切り肉	1枚・20g
	➡5mm幅に切る	
	えのき	1/8パック・25g
	➡根元を切り落とし、長さを半分に切る	
	だし	1/2カップ
	酒	大さじ2
	塩	小さじ1/4
粗びき黒こしょう		適宜

1 材料を混ぜ、加熱する

耐熱ボウルにAを入れて、よく混ぜる。ふんわりとラップをして、電子レンジで3分30秒～4分加熱する。

2 器に盛り付ける

器に盛り、粗びき黒こしょうをふる。

さば缶のみぞれ汁

〈1人分〉 221kcal 塩分1.5g

材料

さば水煮缶 ……………… 1/2缶・100g
A ┌ 大根 …………………… 2cm・60g
　│　➡すりおろし、ざるにあげて水気を切る
　│ だし …………………… 3/4カップ
　│ 酒 ……………………… 大さじ1
　└ 塩 ……………………… 少々
大根葉（小口切り）……………… 適宜
しょうが（すりおろし）…… 小さじ1/2

1 材料を加熱する

耐熱ボウルに**A**を混ぜる。さば水煮缶は缶汁ごと入れる。ふんわりとラップをして、電子レンジで3分〜3分30秒加熱する。

2 薬味を加える

器に盛り、大根葉、おろししょうがを添える。

かぶの豆乳ポタージュ

〈1人分〉 94kcal 塩分1.0g

材料

A ┌ かぶの根 ……………… 1個・80g
　│　➡皮つきのまますりおろす
　│ にんにく（すりおろし）
　│ ……………………… 小さじ1/4
　│ 豆乳 …………………… 1/2カップ
　│ 粉チーズ ……………… 大さじ1
　│ 固形スープの素 ……… 1/4個
　│　➡細かく刻む
　└ 塩・こしょう ………… 各少々
パセリ（みじん切り）…………… 適宜

1 材料を混ぜて加熱する

耐熱ボウルに**A**を混ぜる。ふんわりとラップをして、電子レンジで3分〜3分30秒加熱する。

2 盛り付ける

器に盛り、パセリのみじん切りをふる。

汁もの

クレソン、ベーコン、ごぼうのスープ

クレソンのさわやかな風味が贅沢なお味

バゲットとチーズ入り
トマトスープ

自分へのごほうびに食べたいごちそうスープ

クレソン、ベーコン、ごぼうのスープ

〈1人分〉
71kcal　塩分1.1g

材料

クレソン ……………………… 2本・10g
　➡葉はつむ。茎は小口切りにする
ベーコン ……………………… 1枚・15g
　➡5mm幅に切る
ごぼう ………………………… 3cm・10g
　➡縦半分に切って、斜め薄切りにする。水に5分さらす
水 ……………………………… 1カップ
固形スープの素 ……………… 1/4個
　➡細かく刻む
塩・こしょう ………………… 各少々

1 材料を混ぜて加熱する

耐熱ボウルにすべての材料を入れて軽く混ぜる。ふんわりとラップをして、電子レンジで3分～3分30秒加熱する。

バゲットとチーズ入りトマトスープ

〈1人分〉
196kcal　塩分2.0g

材料

A
　トマトジュース（無塩）
　　………………………… 1カップ
　たまねぎ …………… 1/4個・50g
　　➡みじん切りにする
　固形スープの素 ………… 1/4個
　　➡細かく刻む
　塩・こしょう ……………… 各少々
バゲット ……………………… 厚さ1cm
ピザ用チーズ ………………… 大さじ2

1 Aを混ぜ加熱する

耐熱のグラタン皿にAを混ぜる。ふんわりとラップをして、電子レンジで5分加熱する。

2 残りの材料をのせ、再び加熱する

いったん取り出して、バゲット、ピザ用チーズをのせる。ラップなしで、電子レンジで2分～2分30秒加熱する。

PART 5

デザート

栗蒸し羊羹
ゆであずきの缶詰で手軽にできる

大学芋
揚げないのにこんなにおいしい

デザート

抹茶の蒸しパン
上品な抹茶の風味が大人の味

レンジせんべい
白玉粉で簡単にできる

栗蒸し羊羹(ようかん)

〈6×20cmのもの1本分〉
〈1/10切れ〉77kcal　塩分0.1g

材料

A ┌ ゆであずき缶詰 ……… 1缶・250g
　 └ 水 …………………………… 大さじ2

B ┌ 小麦粉 …………………………… 大さじ1
　 │ 片栗粉 …………………………… 大さじ1
　 └ ➡Bはあわせてふるう

むき天津甘栗 ………………… 5個・75g
　➡半分に切る

下準備
30cm長さに切ったラップを用意する。

1 材料を混ぜ、加熱する
耐熱ボウルにA、Bを入れて、粉っぽさがなくなるまでよく混ぜる。ふんわりとラップをして、電子レンジで3分加熱する。

2 甘栗を混ぜる
取り出して、熱いうちに甘栗を加えて軽く混ぜる。

3 ラップに包み、粗熱をとる
ラップ(「下準備」参照)の上に2を横長にのせる。ラップで包み、6×20cmの棒状に形を整えて粗熱をとる。

大学芋

〈つくりやすい分量・3〜4人分〉
〈1人分〉202kcal　塩分0.1g

材料

さつまいも ……………………… 1本・250g
　➡皮ごと一口大の乱切りにして、水に5分さらす
サラダ油 …………………………… 大さじ1

み ┌ 砂糖 ……………………………………… 50g
つ │ はちみつ ………………………………… 40g
　 └ 水 ………………………………… 大さじ1

黒いりごま ………………… 大さじ1/2

1 さつまいもを加熱する
耐熱皿にさつまいもを並べ、サラダ油をふる。ふんわりとラップをして、電子レンジで4分30秒〜5分加熱する。やわらかくなればよい。

2 みつを加熱する
耐熱の大きめのボウル(加熱時に吹き出るので高さのあるもの)にみつを混ぜる。ラップなしで、電子レンジで2分加熱する。様子を見ながら10秒ずつ加熱し、泡だって薄く色づいたら取り出す。熱いうちにさつまいもを加えてからめ、黒いりごまをふる。

抹茶の蒸しパン

〈直径20cmの耐熱皿1皿分〉
〈1/9切れ〉142kcal　塩分0.2g

材料

A ┌ 抹茶 ……………… 大さじ1
　└ 牛乳 ……………… 大さじ2

B ┌ 溶き卵 …………… 2個分
　│ 砂糖 ……………… 60g
　└ サラダ油 ………… 大さじ2

ホットケーキミックス
　……………………… 1袋・150g
甘納豆 ……………………… 20g

下準備
耐熱皿の底と側面にあわせてオーブン用シートをしく。

1 生地を混ぜる
ボウルにAを入れて、泡だて器でだまがなくなるまでよく混ぜる。Bを加えて、泡だて器でよく混ぜる。ホットケーキミックスを加えて、ゴムべらでさっくりと混ぜる。

2 加熱し蒸らす
耐熱皿に流しいれて表面を平らにし、甘納豆を散らす。ふんわりとラップをし、電子レンジで4分30秒～5分加熱。取り出して、2～3分おいて余熱で蒸らす（竹串を刺して生地がついてこなければよい）。

3 粗熱をとり、切り分ける
耐熱皿をはずし、ラップで包んで、粗熱をとる。

レンジせんべい

〈つくりやすい分量・12枚分〉
〈青のり入り1枚〉21kcal　塩分0.1g
〈黒ごま入り1枚〉25kcal　塩分0.1g

材料

A ┌ 白玉粉 …………… 50g
　│ サラダ油 ………… 大さじ1/2
　└ 塩 ………………… 小さじ1/4

水 ……………………… 大さじ5～6
青のり（または黒いりごま）
　……………………………… 大さじ1

下準備
20cm角に切ったオーブン用シートを3枚用意する。

1 材料を練る
ボウルにAを混ぜる。水を大さじ1ずつ加えながら耳たぶくらいの固さになるまでよく練る。青のり（または黒いりごま）を加えてよく練る。12等分にしてボール状に丸める。

2 平らにする
4個ずつ、間隔をあけてシートにのせる。直径4cmに手のひらでのばして平らにする。

3 ラップなしで加熱する
直径20cm以上の耐熱皿に[2]をシートごとのせる。ラップなしで、電子レンジで1分加熱する。いったん取り出して裏返す。再びラップなしで、電子レンジで2分加熱する。様子を見ながら10秒ずつ加熱し、薄く色づいたら取り出し粗熱をとる（加熱しすぎると中が焦げるので注意）。残りも同様に加熱する。

チーズケーキ
レモンとミントがアクセント

バナナケーキ
くるみの食感がおもしろい

デザート

トリュフ（生チョコ） 好みのリキュールで楽しんで

りんごの
ワインコンポート
クラッシュゼリー添え
ちょっとリッチなりんごのデザート

チーズケーキ

〈直径20cmの耐熱皿1皿分〉
〈1/8切れ〉197kcal　塩分0.2g

材料

クリームチーズ ……………… 200g
A ┌ サワークリーム ………… 80g
　├ 砂糖 ……………………… 100g
　├ 溶き卵 ………………… 1個分
　└ レモン汁 ……………… 大さじ1
小麦粉 ……………………… 大さじ2
レモンの皮（薄切り）ミントの
　葉、粉砂糖 ……………… 各適宜

下準備
耐熱皿の底と側面にあわせてオーブン用シートをしく。

1 クリームチーズを加熱しAを加える
耐熱ボウルにクリームチーズを入れ、ラップなしで、電子レンジで1分加熱。泡だて器でよく混ぜる。Aを加えてよく混ぜる。小麦粉を万能こし器でふるいながら加えてよく混ぜる。

2 加熱し休ませ、再び加熱する
1を耐熱皿に流しいれて表面を平らにする。ラップなしで、電子レンジで3分加熱する。そのまま2～3分休ませる。再びラップなしで、電子レンジで3分30秒加熱する（竹串を刺して生地がついてこなければよい）。

3 粗熱をとり、冷蔵庫で冷やす
そのまま粗熱をとり、冷蔵庫で2時間以上冷やし固める。切り分けて器に盛り、レモンの皮の薄切り、ミントの葉を添え、粉砂糖をふる。

バナナケーキ

〈直径20cmの耐熱皿1皿分〉
〈1/8切れ〉241kcal　塩分0.4g

材料

A ┌ 小麦粉 …………………… 100g
　├ アーモンドパウダー ……… 20g
　├ ベーキングパウダー …… 小さじ1/2
　└ 塩 ……………………… ひとつまみ
　➡あわせてふるう
バター ………………………… 90g
バナナ ……………………… 1本・100g
B ┌ 砂糖 ……………………… 85g
　├ 溶き卵 ………………… 1個分
　└ レモン汁 ……………… 大さじ1/2
くるみ（無塩、乾煎りしたもの）…… 40g
　➡粗く刻む

下準備
耐熱皿にオーブン用シートをしく。

1 バターを加熱し、生地を混ぜる
耐熱ボウルにバターを入れて、ラップなしで、電子レンジで1分加熱する。泡だて器でよく練り、クリーム状にする。バナナを加え、泡だて器でつぶしながら混ぜる。Bを加えて混ぜる。Aを加えてゴムべらでさっくりと混ぜる。

2 くるみを散らして加熱する
1を流しいれて平らにし、くるみを散らす。ふんわりとラップをして、電子レンジで4分30秒～5分加熱する。取り出して、2～3分おいて余熱で蒸らす。

3 粗熱をとる
耐熱皿をはずし、ラップで包んで、粗熱をとる。

トリュフ（生チョコ）

〈つくりやすい分量・8個分〉
〈1個〉118kcal　塩分0.1g

材料

板チョコレート（ブラック）
　　　　　　　　　　 1枚・100g
　➡一口大に手で折る
バター 　　　　　　　　　大さじ2
生クリーム 　　　　　　　大さじ2
好みのリキュール（ラム酒など）
　　　　　　　　　　　　大さじ1/2
ココア 　　　　　　　　　　適宜

下準備
10cm角に切ったラップを8枚用意して、プリンカップなどの小さめの器にしく。

1 板チョコとバターを加熱し、混ぜる

耐熱のボウルに板チョコレート、バターを入れて、ラップなしで、電子レンジで1分加熱する。ゴムべらでなめらかになるまで混ぜる。生クリーム、リキュールを加えて混ぜ、粗熱をとる。

2 形を整えて、冷やす

8等分にしてラップをしいた器に流しいれ、ラップで包んで丸く形を整える。冷蔵庫に30分〜1時間入れて冷やし固める。

3 ココアをまぶす

再び丸く形を整えなおしてからラップをはずし、ココアをまぶす。

りんごのワインコンポートクラッシュゼリー添え

〈つくりやすい分量・4人分〉
〈1人分〉140kcal　塩分0g

材料

A［ゼラチン …… 大さじ1・10g
　　水 　　　　　　　　大さじ3］
　➡水を入れた器にゼラチンをふり入れてふやかす
りんご 　　　　　　　　 大1個・300g
　➡8等分に切って、芯をとり、皮をむく
B［赤ワイン 　　　　　　1/2カップ
　　水 　　　　　　　　1/2カップ
　　レモン汁 　　　　　　大さじ1
　　砂糖 　　　　　　　　　80g］
ミントの葉 　　　　　　　　適宜

1 2回加熱する

耐熱ボウルに**B**を混ぜ、りんごを入れる。ふんわりとラップをして、電子レンジで5分加熱する。いったん取り出して、りんごの上下を返す。再びふんわりとラップをして、電子レンジで5分加熱する。

2 冷やして盛り付ける

熱いうちに**A**を加えて溶かし混ぜる。ラップで落し蓋をして粗熱をとる。冷蔵庫に2〜3時間以上入れて冷やし固める。器にりんごを盛り、スプーンで細かく砕いたゼリーをかけ、ミントの葉を添える。

デザート

きなこあめ
懐かしいあの味が電子レンジでできる

〈つくりやすい分量・約20個分〉〈1個〉19kcal　塩分0g

材料

- A
  - はちみつ …………… 40g
  - 黒砂糖（粉末）………… 10g
  - 水 ……………… 小さじ2
- きなこ ………………… 40g
- まぶし用のきなこ ……… 適宜

1 Aを混ぜて、加熱する
耐熱ボウルにAを混ぜる。ラップなしで電子レンジで2分加熱する。

2 よく混ぜる
熱いうちにきなこを加え、ゴムべらで粉っぽさがなくなるまでよく混ぜる。

3 粗熱をとり、切り分ける
まな板にまぶし用のきなこを広げ、2を半分ずつのせる。それぞれひとまとめにしてから、直径1cmの棒状にのばす。粗熱がとれるまで10分ほどおく。まぶし用のきなこをつけながら、食べやすい大きさに切り分ける。

卵ボーロ
ラップなしで加熱するのがポイント

〈つくりやすい分量・約25個分〉〈1個〉17kcal　塩分0g

材料
- 卵黄 …………… 1個分・18g
- 片栗粉 ………………… 60g
- 小麦粉 ………………… 大さじ1
- スキムミルク ………… 10g
- 砂糖 …………………… 20g

下準備
直径20cm以上の耐熱皿に20cm角に切ったオーブン用シートをしく。

1 材料を練って、丸める
ボウルにすべての材料を入れて、手で耳たぶくらいの固さになるまでよく練る（ゆるいときは小麦粉小さじ1/2、ぼそぼそするときは水小さじ1/2ずつを加えて様子をみる）。直径1.5cmのボール状に丸める。

2 半分ずつラップなしで加熱し、粗熱をとる
1/2量を間隔をあけて耐熱皿に並べる。ラップなしで、電子レンジで1分30秒加熱する。様子を見ながら10秒ずつ加熱し、薄く色づいたら取り出し、粗熱をとる（加熱しすぎると中が焦げるので注意）。残りも同様に加熱する。

〈著者紹介〉

村田裕子（むらた・ゆうこ）

料理研究家、管理栄養士。出版社でファッション誌の編集者を務めたのち、かねてから目指していた料理の道へ。フリー編集者として料理本を手掛けながら、自らも世界各国で研鑽を積み、料理研究家に。編集者時代に培った読者目線を大切にする姿勢で、雑誌、テレビ、食品会社のレシピ開発と、活躍の場を広げる。ダイエットや健康維持をしながら食を楽しむ提案が得意。また、調理器具や調理家電に精通し、毎日の食事作りを快適に、合理的にするアイディアあふれるレシピにも定評がある。

〈STAFF〉
装幀デザイン　株式会社フレーズ
撮影協力
組版　朝日メディアインターナショナル株式会社
写真　原ヒデトシ
スタイリング　大畑純子
料理アシスタント　阿久津 碧

大きな文字でよみやすい！
電子レンジでつくるシニアのらくらく１人分ごはん

2017年8月1日　第1版第1刷発行
2023年5月10日　第1版第7刷発行

著　者　村　田　裕　子
発行者　村　上　雅　基
発行所　株式会社ＰＨＰ研究所
京都本部　〒601-8411　京都市南区西九条北ノ内町11
　　　　　　暮らしデザイン出版部　☎ 075-681-8732（編集）
　　　　　　暮らしデザイン普及部　☎ 075-681-8554（販売）
東京本部　〒135-8137　江東区豊洲 5-6-52
　　　　　　　　　普及部　☎ 03-3520-9630（販売）
PHP INTERFACE　https://www.php.co.jp/

印刷所
製本所　図書印刷株式会社

© Yuko Murata 2017 Printed in Japan　ISBN978-4-569-83839-7
※本書の無断複製（コピー・スキャン・デジタル化等）は著作権法で認められた場合を除き、禁じられています。また、本書を代行業者等に依頼してスキャンやデジタル化することは、いかなる場合でも認められておりません。
※落丁・乱丁本の場合は弊社制作管理部（☎ 03-3520-9626）へご連絡下さい。送料弊社負担にてお取り替えいたします。